ANE BRAGA

MINHA ALMA TEM UM CORPO

1ª EDIÇÃO

SÃO PAULO
ANE BRAGA
2019

*Chega um momento em que você tem que
encarar os fatos, fechar os olhos e se jogar
Então, não deixe o momento passar...
Jogue-se*

DEDICATÓRIA

Nos seus olhos cheios tristes
Vejo tudo que espelhei
Já não vejo o que queria
Só aquilo que sonhei

Corre os cabelos longos
Em dedos cheios de versos
Entre cantoria e lágrima
Sorrir é uma página em aberto

Noite clara de verão
Banho raso de alegria
Lá fora, fogueira alta
Traz de volta melancolia

Se um desejo eu pudesse
E com ele qualquer coisa fizesse
Tudo que mais desejaria
Era você mais um dia

AINDA HOJE

Houve um momento, em que tudo parecia singelo
Todo ato ou gesto seu me deixava em devaneio
Meu pensamento era só seu
Pertencia-lhe por inteiro

Você sorria e me agradava
Ao mesmo tempo me deixava
Pairando em expectativas

Dias felizes. Noites tão tristes
Você foi embora... Sem mim
Procurei um motivo. Árduo desatino
Minha sina começava, enfim

Partida em duas em suas mãos
Vi minha alma escorrer pelo chão
Em forma de lágrimas

Eu chorei...Indubitavelmente...Chorei

Nada na vida havia me preparado para aquele momento
Uma parte de mim foi com você...
Desalento

As lágrimas, enfim, secaram
Venci a mim mesma, superei essa etapa
Tudo que começa tende a um fim

Jurei esquecer todos aqueles dias
A alegria do primeiro reconhecimento
O tormento da expectativa
A dor da despedida

E falhei...

Falhei miseravelmente
Ainda hoje, amo você

MONTANHA-RUSSA

A vida é cheia de riscos
São muitos os altos e baixos
Entre nessa monta-russa, amor
E dê essa volta comigo

PERDAS SEM DANOS

Sinto-me fluir como pena

Correndo sem rumo em noites pálidas

Traço caminhos sobre percalços

Voo em pluma desavisada

Tal qual relâmpago distante

O eco de sua voz não me diz nada

Olhos vazios estão cheios

De lutas duras, sementes destroçadas

Tantos são os anos de passagem

Tantos outros murmuram emparedados

Mas descobri com o vento

Que o tempo tempera a alma

Coragem é sentir medo de ir
E ir assim mesmo

QUEM NUNCA

Quem nunca chorou no banho
Para disfarçar as lágrimas na água
Quem nunca gritou em silêncio
Para sufocar a dor de uma mágoa
Quem nunca se olhou no espelho
E perguntou por onde andara
Quem nunca sonhou voar alto
Mas se lembrou das asas cortadas
Quem nunca pisou de mansinho
Para evitar uma enxurrada de palavras
Quem nunca buscou nos olhos
O brilho de uma chama apagada

Eu também
E todas as outras mulheres
Dentro de mim

A gota que cai no oceano é apenas uma gota,
mas o oceano, jamais será o mesmo

MEU LIMITE

Cheguei ao meu limite
Agora, minha única opção
É superá-lo

INSÔNIA

É nessa hora sem tempo
Em que não é noite,
Mas também não é dia
É nesse tempo sem hora
Que mais penso em você

*Só se perde a guerra
Quando se desiste da batalha*

EMBATE

Ainda que a luta seja árdua

Ainda que o sol cegue seus olhos

Não há mágoa que não passe

Nem há tormento que perdure

Pois quando o mal opera,

O bem se levanta

PARA SER FELIZ

Às vezes, para ser feliz
Basta abraçar
E deixar ir

INTOLERÂNCIA

Quando a ignorância impera

O mundo sofre

E eu me pergunto

Quem julgará o julgador?

AS PEDRAS NO CAMINHO

E se houver pedras no caminho, chute-as
Se a pedra for grande demais, contorne-as
Se ao contorná-la não encontrar saída,

Procure outra direção, pois o essencial é nunca desistir da
jornada.

Sabe as pedras que encontrei no caminho?

Fiz um castelo

PERDOAR

Perdoar é deixar a alma alçar outros voos

É abandonar o que nos impede de seguir em frente

É olhar para dentro e sentir alívio.

Mas perdoar-se é tão ou mais importante que ser

perdoado:

É libertador.

NUNCA ESQUEÇA QUEM VOCÊ É

Supere todos os obstáculos,

Conquiste o mundo,

Surpreenda a tudo e a todos

Mas nunca esqueça quem você é

Viver é parte da aventura
Aventure-se

FOGO

Tudo entre nós é tão intenso

Que eu já não sei onde você termina

E eu começo

DANÇA

Não questione os passos

Sinta a música

Não questione as palavras

Sinta a emoção

Não questione o tempo

Sinta o vento

Porque nesta dança o que importa

É estar no mesmo compasso

De uma mesma canção

Quero matar minha sede
no calor do teu corpo

A CHAMA EM MIM

A chama em mim arde feito ventania

Não desvia, não apaga, espalha o frio na espinha

O corpo arde, a alma invade

Minha canção em sua melodia

Som congelado num ápice

Toda sede faz parte

Quero você todo dia

ENTRE O CÉU E O INFERNO

Muito tempo já passou
Ainda estou aqui
Escondendo as lágrimas

Há uma sombra em mim
Querendo encontrar o sol
Mas a luz se apaga

Labirintos na escuridão
O medo esfria a razão
Então, a fala cala

Preciso me concentrar
É tão difícil não lembrar
Você faz falta

Toda angústia incolor
Menti para o espelho
Já não sei quem sou
Tudo se aclara

Agora sinto a dor

Sei sem tirar, nem pôr

A noite acaba

(...)

Estou entre o céu e o inferno

Sem você

Eu até posso cair,
Mas vai ser de pé

O QUE SEI EU SOBRE O AMOR

Que sei eu sobre o amor?
Só conheço o que me foi dito
Entre palavras discretas
De um mero desconhecido

Que sei eu sobre o amor?
Só conheço os sacrifícios
Votos sagrados
Vetos secretos

Palavras silenciosas
Outras ardilosas
Uma vez soltas
Não voltam mais

Por trás do muro existe proteção
Existe tradição
Respeito, oração
Não. Não espero que você entenda

Promessas são sacras
Sentimentos devem ser puros
Corações devem ser empenhados
Apenas numa direção

Não seja rápido em apunhalar
Uma alma que já sofre
Mas se mantém altiva
A cabeça continuará erguida
Sim, estou atrás do véu
Minha luta é verdadeira
Por muitas, por uma vida inteira
Mas que sei eu do amor?

Se um dia conhecê-lo
Será com alguém forte
Que acredite em mim
Em meus sentimentos

Esse alguém conhecerá meu ser

Saberá que só aceito o que me pertence

Não divido o que é meu

Não me importa em que vida

Pois minha mente é leve

Meu espírito é puro

Meu corpo me pertence

E meu solo é fértil

O melhor momento é agora

ÂMAGO

Um filho é um filho.
Seja biológico ou adotado,
É da alma

EXPLOSÃO DE LUZ

Ainda não lhe conheci,
Mas lhe amo loucamente
Sinto seus anseios,
Aspiro seu perfume

Não sei sua aparência
Tenho apenas uma vaga ideia
Avivada quando me olho no espelho

Num dia só quero sorrir;
Noutro, só chorar
Às vezes fico muito cansada
E só quero descansar

Muitas vezes esbravejo,
Mas a culpa não é sua
Você é minha alma liberta,
Meu sonho realizado,
Minha vida repleta

Morreria por você,

Mas a vida é muito linda

Vamos viver

Você é minha explosão de luz

Esperando acontecer

Você sempre estará em mim

E eu em você, de corpo e mente,

Pois lhe darei a luz

E viverei eternamente

*A carne até pode ser fraca,
mas meu espírito é forte*

MINHA ALMA TEM UM CORPO

Minha alma tem um corpo
Não é alto, nem é baixo
Não é gordo, nem é magro
É diferente

Minha alma tem um corpo
Que tremula inocente
Apesar das tantas máculas
E das mágoas que ele sente

Minha alma tem um corpo
Com a cor do calor quente
Que esfria e se abala
Tal balada iridescente

Minha alma tem um corpo
Com a dor do amor ausente
Que espalha pela palha
E irradia incipiente

Minha alma tem um corpo

Com marca fluorescente

Do corpo a luz se apaga

Mas a alma brilha sempre

Quando nada mais me apetece,
Quando tudo me amola,
Escrevo

RECANTO

Encanta-me repousar meus pensamentos

Encontrar tantas histórias

Embaladas em letras

Contornadas em músicas

Inspiradas em sons

Encanta-me suspirar em expectativa

Correr a tela na escrita

Talento tão sedutor

Encanta-me passar o tempo

Dividir momentos

Sentir vir o sorriso

Brilhar os olhos

Suspirar com um texto

Encantam-me as imagens, as cores, o som

Encanta-me esse Recanto

DEIXE-SE DESENHAR

A escrita é a representação gráfica

Do que está desenhado

Na alma do escritor

CORPO EM COR

Traço um compasso

Suave regaço

A procura de mim

Danço em seus passos

Suspiro, um enlaço

Com ardor juvenil

Flor e frescor

Corpo em cor

Te encontro, enfim

Num abraço

Brisa atormentada
Pensamento em disparada
Até você

LEMBRANÇAS

Ainda guardo na mente
A imagem da lembrança
A surpresa do sorriso
Fotografia

Cobertor quente
Você e eu
Sabe como é...
Madrugada fria

Sussurro aveludado
Beijo afogueado
Frio na espinha

Sono inconsequente
Colo envolvente
Plena sintonia

Sentimento trabalhando intensamente
Telefone tocou
Voou

COMUTATIVA

Lia em casa

na mesa da sala

a matemática não me descia

Muito ativa e cordata

minha mãe espiava

minha concentração tão pia

Com muita graça e empenho

olhou-me o cenho

disse-me tanto faz como fazia

A ordem dos fatores

Não alteram o produto

É fato. Como não lhe atina?

Confusa a olhei

de volta me olhou

Comutativa, filha. Comutativa...

O GATO

O gato sorrateiro observa o rato
Farejando o dia inteiro, fuçando tachos
O gato eloquente, superior de fato
Oferece ao ratinho um queijo farto

O rato ressabiado não dá trela ao gato
Corre para sua toca e se aconchega em trapos
O gato matreiro não se dá por vencido
Do rato quer muito ser só um amigo

O rato hesitante começa a matutar
Um gato de estipe querendo me ajudar?
O gato sedutor tem lábia de doutor
Do rato afaga o cérebro, estimula o esplendor

O rato seduzido não percebe o perigo
Aproxima-se do queijo que lhe embriaga o sentido
O gato muito faceiro tem o ego expandido
O rato está agora muito mais que iludido

Olhasse naquele momento e sem pensar teria fugido

Mal começa morder o queijo

Bem depressa é comido

Saudade é o que fica
Quando alguém não ficou

DE NOVO NOVAMENTE

Hoje sonhei com você... De novo

Sabe, isso é uma grande droga

Não entendo por que sonhar com você

Se você foi embora

Fico me perguntando

Será que você sonha comigo?

Quer saber de uma coisa?

Não me importa, eu não ligo

Não importa porque eu passei

Sua vida não é mais comigo

Hoje não tenho você

Nem mesmo como amigo

Mas preciso esclarecer sua dúvida

Nunca traí sua confiança

Escolheria você caso quisesse

Mas você me achava uma criança

O irônico é que a criança cresceu

Não se abala como antigamente

Para não tremer como folha ao vento

É só não ver você novamente

Algo me diz que isso não será tão simples assim...

ESCOLHAS

Sonhar não vou
Perdi-me num infinito de sonhos
Ao perder você, sufoquei
O grito preso em minha garganta

Chorar não vou
O peso da dor mantém minha alma sana
Se meu sorriso não lhe impede de partir
Lágrima certamente não adianta

Você errou mais que eu errei
Sinto muito pela covardia bruta
A vida é feita de escolhas
A minha influenciou a sua

Agora é superar, aguentar as consequências
Pior que ter você em minha vida
É viver com você na consciência

O tempo passou; não esqueci

É irritante o que sinto por você

Uma lição bem cedo aprendi

Se não mata ensina a viver

E eu vou

Aprender

A viver

Sem você

SINTO MUITO, MEU AMOR

Sinto...É tão triste sentir que me pesa a alma
Amo... É tão forte o amor que me sufoca
Sofro... É tão forte o sentimento que me corta a pele
Lembro... E a lembrança atordoa minha mente

Não quero sentir
Não quero amar
Não quero sofrer
Não quero lembrar

Mas a cada ano que passa
Ainda sinto o calor das suas mãos
O aconchego de seu abraço
Seu sorriso cínico meio de lado
E seu doce beijo...
Ah, seu doce e esperado beijo
Acariciando meu rosto

Chuva forte lá fora
Aqui dentro,
Tempestade em mim

FOI ASSIM VOCÊ

Há mil mistérios para decifrar
Mil motivos para continuar
Não quero chance para mudar
O que aconteceu

Eu não queria acreditar
E não podia imaginar
Que algum dia eu fosse
Amar assim do jeito que amo hoje

A vida é mais que um fato qualquer
Quando se ama e a gente não quer
Não dá para esconder verdades
No jogo do amor sempre ganha o coração

Foi como ver o sol
Depois de uma noite escura e eu sem saber o que fazer

Foi algo especial
Que cresce a cada momento

E me domina por igual
Foi assim você

Foi
Comover o sol
Depois de uma vida de chuva
E eu sem saber o que fazer

Foi
Algo especial
Que cresce a cada momento e me domina por igual
Foi assim você

SORRISOS E LÁGRIMAS

Tanta alegria se foi

Como borracha que apaga

Nossas vidas

Resumidas numa só palavra

Tantos sorrisos nos lábios

Tornaram-se lágrimas

Molhando meu rosto

Trazendo enorme desgosto

Por quê?

A vida é cheia de truques

Armadilhas que nos fazem sofrer

Por quê?

Tanto tempo e só agora fui amar

Perceber que tudo acabou

Sem começar

É bom saber

Você me ensinou a viver

Mas é triste dizer

Sem você estou aprendendo a morrer

Talvez

Um dia eu me liberte

E desperte para alguém

Que me faça esquecer

De Lembrar-me você

TER E NÃO TER VOCÊ

Conheci o amor e fiquei triste
Agora, angústia me sufoca
Por sonhar com amor que nunca tive
A dor em mim me apavora

Amei você apaixonadamente
Quisera amor, tê-lo aqui nesta hora
Por chorar o amor que nunca tive
Guardei a dor em mim e fui embora

Sempre lhe quis, sempre lhe amei
Será que só você não vê?
Se lhe espero saiba, minha vida
Você é tudo aquilo que sonhei

Quem sabe, amor, tenhamos sorte
Sejamos unidos se não no corpo, na mente
Pois dessa vida a gente só leva
O amor que a gente sente

Só me encontro

Quando me perco

Em você

QUERIA VER VOCÊ HOJE

Queria ver você hoje à noitinha
Dizendo coisas que nem você entende
Fazendo-me rir feito criança
E dormir em seus braços docemente

Meus sonhos então seriam ternos
Do jeito que só você conhece
Acordaria em versos brandos sorridentes
Só por você estar perto

Mas, onde está você, Amor meu, que não aparece?
Não vê como meu coração assim padece?
Sua imagem não sai de minha mente
Queria você sempre presente

Solidão é ganhar a vida eterna de presente
E não ter você para compartilhá-la

ATÉ O DESPERTAR

Vento que leva meus sonhos
Traz de volta você
Não lhe tiro da lembrança
Então como posse esquecer você?

Não, não vou lhe esquecer

Sei que o tempo que já passou
Não voltará jamais
Mas pra sempre ficará
Um pouco da dor que o amor deixou

No meu coração

A saudade vai chegar
Por favor, deixe-me falar
Sem ficar com essa de pensar, pensar, pensar

A saudade vai chegar

Eu quero lhe falar

Queria não pensar em você

De tudo na vida sempre lhe quis

Não dá mais pra me enganar

Agora é sonhar pra se viver

Até o despertar

Tudo na vida sei

Que no jogo do amor é outra história

Só sei que meu amor

Nunca vou lhe esquecer

Paisagem na janela
Velocidade nos separa
Meu coração ficou para trás

AUSÊNCIA TUA

Enquanto o som brota na janela
Fico a sonhar olhando a chuva
Não sei ao certo o quanto será a espera
Só sei que a dor ainda é turva

Quantos são os anos que teus olhos engradecem
É tua ou minha a ausência pura
Quanto mais oprimo meu regaço
Mais perto de mim a lembrança dura

Tento te esquecer a cada sopro, a cada segundo
Não existe luta mais insana
Mais forte que a dor do amor impossível
É tentar esquecer a quem se ama

Amarras, regras, sistemas
Minha mente rebelde,
Livre

SIMPLESMENTE MULHER

Já fui uma semente esperando para brotar

Tão pequena e frágil diante da grandeza do desconhecido

Tropecei nas pedras do chão e da vida

Cresci sabendo que o caminho seria árduo

Mas também seria cheio de vitórias

Chorei quando estava feliz

E sorri quando estava sofrendo

Mas em todo momento, entre a dor e a ternura

Não me perdi de mim

Tive dúvidas, quis jogar tudo fora

Quase perdi a esperança

Quase... Pois a cada árduo momento

Com cada queda que me arranhou a alma,

Fiquei mais forte, mais experiente

Cada cicatriz marcou minha história

Tenho tudo que sonhei

Muito mais do que pedi

E nesse meu longo caminho

Que ainda não percorri totalmente

Tenho muito para aprender

Muito a ensinar

Muito a sofrer

E muito para amar

Sou a mesma de ontem

Com toda as esperanças do hoje e incertezas do amanhã

Sou força e delicadeza espalhadas no caminho

Sou destino e fim

Acertos e tropeços

Sou um ciclo esperando para recomeçar

Sou simplesmente mulher

E sou dona de mim

Para todo começo há um fim...

E um recomeço

Ane Braga